ÉPÎTRE

AUX

FRANÇAIS.

ÉPÎTRE

AUX

FRANÇAIS.

L'ÉVANGILE est la loi parfaite, et la parole de vérité qui annonce la fin prochaine de toutes les institutions du monde. Nous ne cherchons point dans l'Evangile une justice nouvelle, mais nous y découvrons cette éternelle vérité qui dès le commencement était la lumière.

Toute la doctrine que le Christ enseigne, et qui véritablement est la parole de Dieu, consiste dans ce précepte d'amour : *aime ton prochain comme toi-méme.* Voilà le grand lien des hommes entre eux et le seul aussi qui les unisse à Dieu, et il n'y a point d'autre religion pour l'homme.

Le monde a imaginé pour les siens une dévotion facile, qui ne les oblige qu'à des rites et à des prières : mais la piété du vrai disciple consiste dans les œuvres de justice et non dans une apparente vertu qui rend l'homme hypocrite ou stupide. Le glaive de la parole sort de sa bouche pour trancher toutes les institutions païennes qui divisent le genre humain et s'opposent à la loi sainte de la communauté.

La communauté est la véritable loi de l'espèce. Elle a été annoncée par tous les prophètes, par Isaïe, par Jean lui-même, et par Marie, mère de Jésus ; et le Christ est venu ensuite dans le monde pour être la ruine des superbes ;

pour donner aux hommes cet esprit qui doit combler toute vallée et redresser les chemins inégaux.

La loi des héritages n'a pas toujours été la même : l'aîné héritait seul des biens de son père, et maintenant ses frères et ses sœurs héritent comme lui. Or, le temps n'est pas loin, non plus, où les aînés de la grande famille partageront avec leurs frères malheureux ce qu'ils héritaient seuls du père des hommes.

N'est-ce donc pas en vertu du pacte tacite de la communauté, que l'Etat appelle à sa défense le fils du pauvre qui n'a rien à défendre? et quand ces plus petits mettent en communauté leur sang et leur vie, le riche possédera-t-il seul tous les biens de la terre? Le riche contribue de son superflu, le pauvre donne de son indigence : voilà la justice du monde !

Que tous les crimes qu'engendrent la misère et la servitude retombent sur vous, riches et grands de la terre ! C'est vous qui les premiers avez dérobé le pain à l'homme. Lorsque la moisson est abondante et que l'hiver promet de n'être point rigoureux, n'annoncez-vous pas d'avance pour cette année moins de vols et d'assassinats ? Ainsi, vous confessez, vous-mêmes, que c'est l'extrême misère à laquelle vous avez réduit le peuple qui le rend méchant et criminel.

Nous condamnons les institutions du monde par la parole vivante de l'Éternel ; nous les condamnons en présence du Dieu des petits et des pauvres ; et c'est vous qui nous en faites un crime ! vous, qui n'avez pas craint de renverser la loi sainte du Créateur, pour mettre en sa place votre orgueil et votre avarice ! Riches et grands de la terre, levez-vous ! Peuples, considérez maintenant vos maîtres : une poignée d'hommes a fondé la justice du monde sur votre opprobre et votre misère !

Les insensés ! ils demandent des preuves pour croire à ce qui est juste et véritable : mais ils en demandaient aussi aux apôtres ; et les apôtres, pour toute réponse, continuèrent à prêcher, et la parole de vérité rendit elle-même témoignage en brisant les fers des esclaves. Or, c'est la même doctrine que nous annonçons maintenant, et elle se fera aussi reconnaître aux fruits qu'elle portera. Peuples, haïssez la grandeur et aimez le Christ ; haïssez l'empire des richesses et aimez le Christ ; car le Christ est l'éternelle vérité qui détruit toute grandeur et toute richesse.

Que l'Etat, seul propriétaire, use de la fortune publique dans l'intérêt des peuples ; semblable au père de famille dont la tendre sollicitude s'étend sur tous ses enfans ! Celui qui est infirme vient s'asseoir comme ses frères à la table du père de famille, et ses frères ne lui disputent point sa nourriture : car le père de famille possède tous les biens, et il nourrit le faible comme le fort, celui qui est infirme comme celui qui est sain.

Or le père de famille meurt, et les enfans font ensuite le partage de ses biens : mais comme l'Etat ne meurt point, la communauté subsistera toujours pour les peuples, et les biens n'entreront point en partage ; et ceux qui voulaient hériter de leurs frères se lamenteront ; mais le pauvre bénira le nom du Seigneur et louera sa justice.

En vain le peuple implore la pitié de ces hommes, qui, sous prétexte de leurs longues prières, dévorent encore la maison de la veuve et de l'orphelin. Le Dieu qu'ils servent n'est point le Dieu des pauvres ni des affligés. Prêtres hypocrites, n'avez-vous pas un baptême pour le riche et un baptême pour le pauvre ? un mariage pour le riche et un mariage pour le pauvre ? un enterrement pour le riche et un enterrement pour le pauvre ? Ainsi, vous vendez au poids de l'or la justice et la sainteté ! Que dirai-je ? Vous vendez les grâces et le sang de votre Dieu !

Chrétiens, apprenez à discerner le bien d'avec le mal ; voilà ce que le Christ

est venu vous dire. Ah ! si vous con-
naissiez la pure doctrine, vous ne seriez
ni incrédules ni superstitieux. Toute la
vérité est dans l'Évangile, et les lois,
et les préceptes, et les choses à venir.
J'y ai trouvé non-seulement la justice
de Dieu, la justice qui vient de la foi et
se perfectionne dans la foi ; mais j'y dé-
couvre encore la colère de Dieu, prête
à éclater contre toute l'impiété et l'injustice des hommes, qui retiennent la
vérité de Dieu dans l'injustice.

Voici maintenant ce que je dis en la
présence de Dieu, et par l'esprit qu'il a
mis en moi, lequel juge de tout et n'est
jugé de personne : Le dernier sceau est
brisé, et l'homme va connaître la bonne
nouvelle qui jusqu'ici a été scellée. La
lampe de l'idolâtrie, qui fumait encore,
va s'éteindre ; les institutions païennes

touchent à leur fin ; une ère nouvelle commence pour les peuples.

Il y a une idolâtrie, un monde et un règne, dont jusqu'ici un très-petit nombre de disciples seulement a eu connaissance. Or, voilà ce que Dieu maintenant m'appelle à vous faire connaître, non comme une doctrine nouvelle, mais comme des choses véritables, que, par la vertu de l'esprit, j'ai tirées du trésor de vérité, où elles étaient cachées ; et je rends témoignage de ma mission, en vous montrant ces choses où elles étaient, et où néanmoins vous ne les aviez point vues.

La vérité brise actuellement les institutions mensongères du paganisme ; vous n'en sauriez fonder de nouvelles que sur la vérité. Quelque corrompu que soit le monde, il est toujours sou-

mis à la puissance. Ne dites donc point :
Comment les hommes obéiront-ils à la
vérité ? car je vous déclare qu'elle don-
nera plus d'autorité à ses institutions
que le monde n'en a jamais donné aux
siennes.

C'est la même parole qui a frappé les
riches et les grands qui fondera sur les
ruines du monde la communauté chré-
tienne. La communauté s'établira par-
mi vous, lorsque vous aurez fait ren-
trer dans l'espèce commune toutes les
espèces fractionnaires qui la divisent ;
et ces grands qui se croient l'Etat, et
ce sacerdoce qui se prend pour la religion.

L'amour de Dieu, ô hommes, se ma-
nifeste par l'amour du prochain ! Cha-
que jour, le Christ se présente à vous,
souffrant dans la chair du pauvre, et

vous le repoussez avec mépris pour aller ensuite au temple faire de longues prières et des révérences. Ce sont les pauvres qu'il faut convier à vos festins et non les riches ; ce sont les pauvres qu'il faut visiter et non les puissans. Vous ne connaissez pas encore toute la force de ce précepte : *aime ton prochain comme toi-même.*

C'est aux vrais disciples, c'est à ses amis que le Christ a confié l'exécution de son testament, et par ce testament il lègue aux pauvres son royaume. Montrez-vous donc les vrais disciples et les amis du Christ, vous qui connaissez sa volonté ! Que le pauvre recueille enfin l'héritage que lui contestent depuis si long-temps le riche et le superbe ! Le pauvre n'en exclura point ceux qui l'opprimaient, mais il demande à participer aux avantages de la communauté, dont il a porté seul jusqu'ici tout le fardeau.

Les philosophes, chez les païens, ne répandirent jamais la sagesse au delà de leurs écoles : mais le disciple imitateur de Dieu, grand dans ses desseins comme le divin maître qui l'inspire, enseigne à tous les hommes cette loi d'amour par laquelle toutes choses ont été faites, et qui est le lien par excellence de l'espèce humaine. La parole de Dieu ne s'est point révélée à l'homme pour le jeter dans la contestation ; c'est la voix d'un père qui commande à ses enfans de s'aimer, et c'est à ce commandement aussi que se réduit toute sa loi. Mais à combien de fables et de superstitions le monde n'a-t-il pas eu recours, pour éteindre sous un culte idolâtre l'esprit de ce précepte ? Que de soins ! Que d'efforts ! pour empêcher le pauvre de se croire le frère du riche.

C'est une maxime du monde, que toute vérité n'est pas bonne à dire. Or, le monde rend lui-même témoignage de sa malice ; car la source de toute vérité étant en Dieu, sa parole n'est redoutable qu'à ceux qui commettent l'injustice. Ne vous imaginez donc point que dans sa manifestation l'esprit doive laisser ignorer quelque vérité. Le monde ne la présente que par lambeaux, et ce n'est plus la vérité ; mais l'esprit conduit les hommes dans toute la vérité, et la parole qu'il annonce est puissante et terrible.

Hommes superbes, qui méprisez la parole de Dieu et qui cherchez encore la justice dans le monde, tremblez ! car si vous rejetez la pure doctrine, l'Éternel régnera sur vous par les fléaux qu'il envoie aux nations. Dieu présente à tous la vie, mais celui qui méprise sa parole trouve la mort. Si Dieu se retire d'un peuple, ce peuple périra : l'avertissement du Seigneur est un signe de sa colère.

ALEXIS DUMESNIL.

De l'Imprimerie d'A. Clo.